Neopurism

Gianfranco Spada

selected works 2005-2015

To my husband Julio

With special thanks to Gianfranco Spada.

I would also thank to the following: Ángel González García, Carlos Aimeur, John Maher and Marco Sacchi.

Createspace Press Limited
Regent's Wharf
All Saints Street
London N1 9PA

First published 2016
© 2016 Createspace Press Limited
© 2015 Luisa Arienti
© Translation: John Maher, 2015
© Photos: Marco Sacchi, 2015

ISBN 978-1523725328

A CIP catalague record for this book is available from the British Library.
Library of Congress Cataloguing in Publication Data available.

Abstract transmutation

Ángel González García

Published on Veredes

http://veredes.es/blog/transmutacion-abstracta-de-gianfranco-spada-angel-gonzalez-garcia/

Present-day architecture has often been inspired by different forms and expressions of modern art, although it has been so more frequently with abstract art. Many of the emblematic buildings of modern architecture, which every architect holds in their architectural imagination, can be directly related to works of art or artistic movements.

Contemporary architecture has often derived inspiration from the different forms and expressions of modern art, generally from abstract art. Many of the iconic buildings of modern architecture, which every architect holds in their mind's eye, can be directly associated with works of art or artistic movements. These architectural works, having undergone a process of purification and transposition, are like artistic ideas that have been beamed into the real world, at last sharing the same physical dimension as human life, something which only architecture among the arts can achieve. With these buildings, abstract art, a way of interpreting and synthesizing the world, also materializes in that same reality, as if an idea, having passed through a process of transmutation, was returning to its original state. Spada's work constitutes a latter stage of this altered state, a new transmutation that repositions these buildings within the abstract world of two-dimensional painting on canvas. This passing from one state to another serves to purify form, eliminating all that is superfluous and enhancing the essential – through the suppression of shadow and extraneous elements, for example – and provides the real strength of these paintings.

Spada's visual work is set within the geometric abstractionism of the early twentieth century that emerged in response to the excessive subjectivism of plastic artists of previous periods and looked to distance itself from the majority of movements that sought to represent a purely emotional three-dimensional reality. Taking his cue from the critical discourse of pioneering abstract artists like Picasso, Malevich or Mondrian, alongside the purism of Le Corbusier or Ozenfant, Spada goes a step further into what might be termed "neopurism".

His quest for authorial absence leads him to use flat colours that he applies in a way that makes them seem as if they had been produced by mechanical means:

with their clean, straight lines that might have been computer-drawn, the very squareness of the canvases – neither landscape nor portrait – the preference for meticulousness over virtuosity, leave no space for the artist's subjectivity, as he "withdraws" even to the extent of refraining from signing his canvases conventionally, restricting himself to a quasi-official stamp on the back providing brief informative details. As such, Spada's artwork does not lend itself to analysis in terms of conventional artistic parameters, and this in turn is one of its principal characteristics. His technique, for example, rejects any trace of academicist proficiency, being more akin to that of a painter and decorator, within the scope of anyone of a practical bent. Both in terms of composition and subject matter, he borrows well-known works, largely by celebrated architects, such as Aldo Rossi, Alvaro Siza or Luis Barragán, so that the viewer, drawing on an ingrained visual memory, is lured into perceiving something more than the simple spot colour texture-free abstract shapes that the artist has in reality presented.

Neopurism

Interview to neopurism founder and leading light Gianfranco Spada.

Luisa Arienti

Interview Published on The Art Blog
http://the-art-blog.info/3161/neopurist-manifesto-interview-with-gianfranco-spada/

How did the Neopurist manifesto come about?

About ten years ago I began to work on a series of paintings with the idea of broadening the visual art side of my work as an architect and develop principles that would be useful in my architectural projects.

Recently an art critic defined my art work as Neopurist, alluding to the Purist theories of Ozenfant and Le Corbusier. I have been familiar with the work of these two artists and the Purist movement for a long time, and I had read about the movement, but I had never connected it to what I was doing. Rereading "Après le cubisme", written in 1918 as the foundation text of the Purist movement, I realised how much common ground exists between that movement and what I am trying to do a hundred years later, but also the extent to which my work goes a step further. That is why I understand that I should be termed a "Neopurist". While pondering the core principles of Neopurism, I thought of drawing up a manifesto.

Does Neopurism have Purism as its sole source, then?

No, though it is the main source, given that it is a sort of continuation of the original Purism; which is what I'd like the "neo" prefix to indicate. But I don't overlook other movements such as California "hard-edge", Sheeler's "Precisionism" or the "concretism" of the Paris group Abstraction-Création, movements that have all drunk from the well of Purism to a greater or lesser extent.

The Purists, like other members of the avant-garde, were interested in machines, but I note that Neopurism appears to reject them. Why?

That's correct. Though they didn't show them in their paintings, Ozenfant and Le Corbusier were greatly impressed by machines, as something new that symbolized modernity. Neopurism, on the other hand, in an era in which everything is possible thanks to machines, which have become a sort of appendage or prosthesis of the human body, opts for the recovery of craftsmanship that distances itself from the machine-dominated view of the world and of art.

You state that pure art is born out of the need for order?

In a way, Purism is a reaction towards "order" in the face of the great chaos unleashed by the First World War. Neopurism is partly a reaction towards "order" given the chaos in which the world in general, and the art world in particular, have been living for several decades. In the face of this chaos, Neopurism presents a desire for formal order, as it sets out a series of elements which are clearly organized on the surface of the canvas: clear geometry, clean lines, flat colours; but with, shall we say, the addition of a spiritual dimension, because into a world of chaos objects are introduced that convey a sense of order and rationality.

Neopurists reject utilitarian art. What do you mean by this?

We Neopurists believe in an art without adjectives, one that does not have a function, be this social, political, promotional, commercial, functional, self-promoting, etc. Art is an end in itself rather than a propaganda vehicle or a public relations exercise. For example, we have seen how a well-known chef was invited to show his gastronomic creations in Documenta in 2007, one of the most important art fairs in the world: here, a practical object, a plate of food, has been raised to the status of a work of art. We have reached a situation of such absurdity that anything may be considered art, and people are outraged if what they make or do in the pursuit of originality isn't considered art (a chef, a hairdresser...). This widespread misconception leads to the belief that anything unusual or original is in some way art, and so anyone capable of producing something unusual or original is an artist. Additionally, pure art rejects everything that can be better expressed by different means, there's no need to burden art with things that have no place there. If you want to communicate something, write an article; if you want to change society, become a politician or a revolutionary. This is what Neopurism rejects.

What do you mean when you talk of art as a public relations exercise?

I'm referring to the use of art as a way of making a name for yourself and expressing your individuality at all costs. Art then becomes a mere publicity vehicle, a medium that puts itself at the disposal of a spurious cause. For example, those graffiti artists who obsessively repeat a visual motif, a slogan, a name everywhere they can in a kind of act of self-affirmation and onanistic self-satisfaction. These so-called artists use art to show us how fabulous, sensational, brilliant, insightful, etc. they are as individuals.

You seem to be opposed to the lax use of the word artist nowadays.

The great Ramón Gaya always differentiated between artists and creators. Nowadays we are surrounded by artists, but I don't think there are that many creators. I almost dare to say that this is a time in which everyone, chefs, hairdressers, fashion or furniture designers and the like, is an artist, whereas in fact they are just good craftsmen.

Neopurism appears to reject improvisation. Why?

Because a work of pure art should be the rigorous expression of a rigorous concept. Any improvisation is the fruit of an individuality seeking to express itself, project itself, announce itself. I'm thinking, for example, of Jackson Pollock, whose abstract expressionism can only be understood as the result of a performance, a show, a mise-en-scène around the individuality of the artist. The end result is mere improvisation, chaotic and haphazard. These works of art are nothing more than pure abstract decoration, baroque, decorative camouflage which has nothing to do with pure art.

Why can't art be figurative?

Because it doesn't need to be. It doesn't need to tell stories, or recount facts. In the words of Ozenfant and Le Corbusier: "Art is not a servant obliged to remind his master of the lesser and larger emotions he has experienced".

How can we recognise a Neopurist work?

To begin with, a Neopurist work does not have to be the result of the deliberate application of Neopurist precepts. Neopurism is not a school as such; it is above all a filter that allows us to read a work of art. In this way, we can recognise Neopurist elements in the work of authors who have not followed these tenets. My work, for example, responds to these precepts in various ways. For instance, I use flat colours that I apply uniformly, without any mixing or transitions, in an impersonal manner. My canvases are square and not very big (60×60); square, so as to avoid the arbitrariness of form and orientation, as if to reduce the field of vision of the human eye, which tends to view in landscape mode, and hence oblige the viewer to perceive the canvas as a three-dimensional work of art; and not very big because I want the viewer to perceive all at once and in full the entirety of the work and be unable to engage in a piecemeal reading that might entail a narrative interpretation and a certain subjective perception . Another fundamental characteristic of Neopurism is geometric abstraction inspired in reality. In my case, this reality is mainly architectural; I borrow various well-known works, mainly by renowned architects, so that the spectator, whose visual memory makes these easy to recognise, is induced, erroneously, into perceiving something more than simple abstract smudges consisting of flat colours without texture, which is what I have really represented.

Is Neopurist abstraction, then, always based on reality?

Yes. Pure art, as the manifesto states, derives from physical reality, as otherwise it would be an ornamental arrangement of forms and colours. The work of Mondrian, for example, in his Neoplastic phase, despite having many elements that might be termed Neopurist, did not start from reality; despite his claims that it was an exploration of the absolute, it remains a merely decorative conjuncture of form and colour, which has ended up itself becoming trivialized as a visual cliché.

Finally, I am intrigued by the typeface you use in the manifesto. It reminds me of the avant-garde.

Yes, that's understandable. That typeface, as well as being appropriate to the concept of Neopurism for its geometric feel, is really also a homage to some specific places in the city of Valencia – the city, of course, that saw the birth of Neopurism. It is the typeface that was used to identify the anti-aircraft shelters that were put up in the Civil War. Some can still be seen here and there, that is why it has a 1930s avant-garde feel. As such, it is a homage to these metaphors of resistance at a time when anything goes in a chaotic and wild art world.

selected works 2005-2015

Tristezza Effimera
60 x 60 x 3.4 cm
Acrylic on canvas

2004

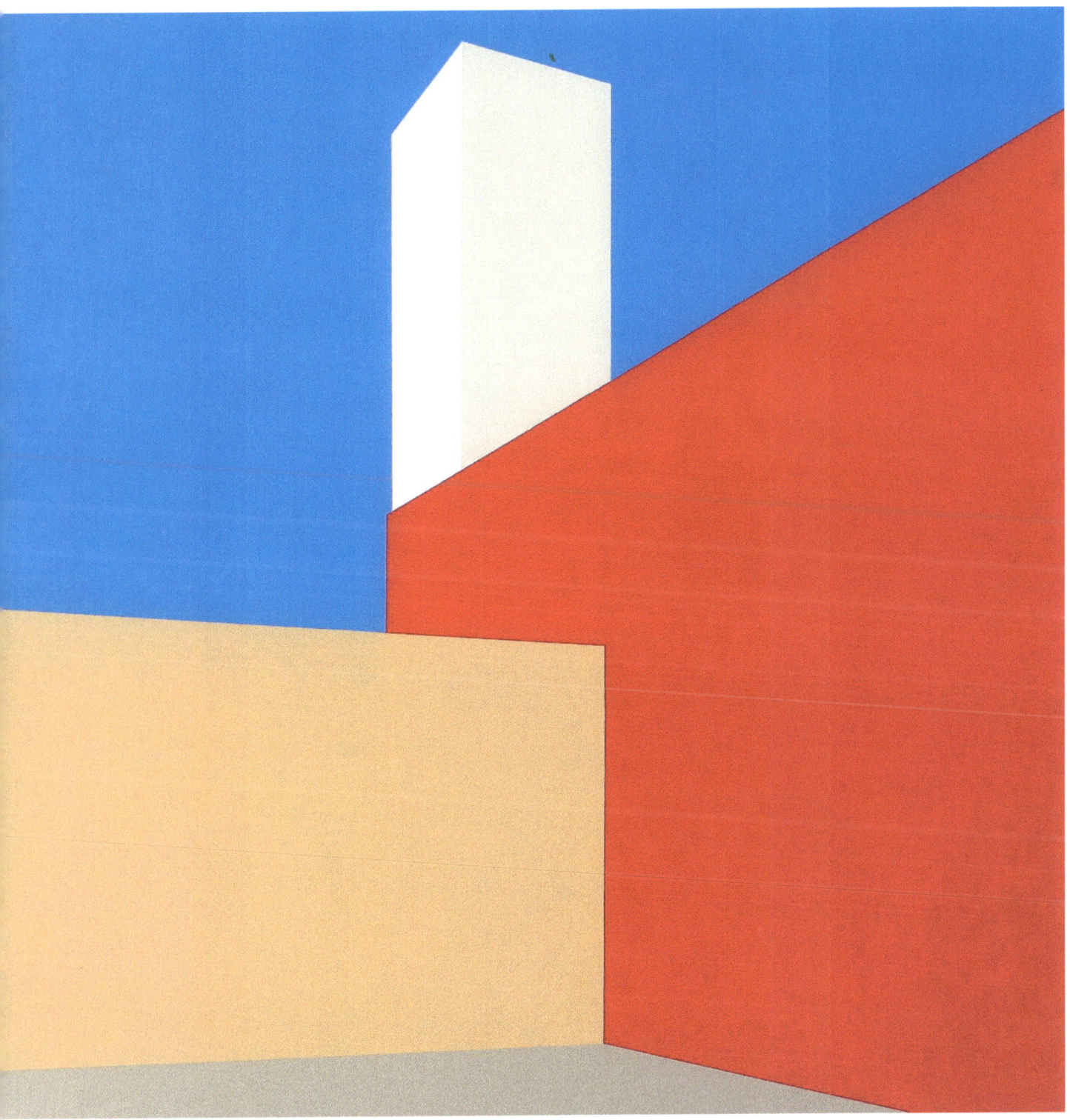

Eterno Rojo
60 x 60 x 3.4 cm
Acrylic on canvas

2005

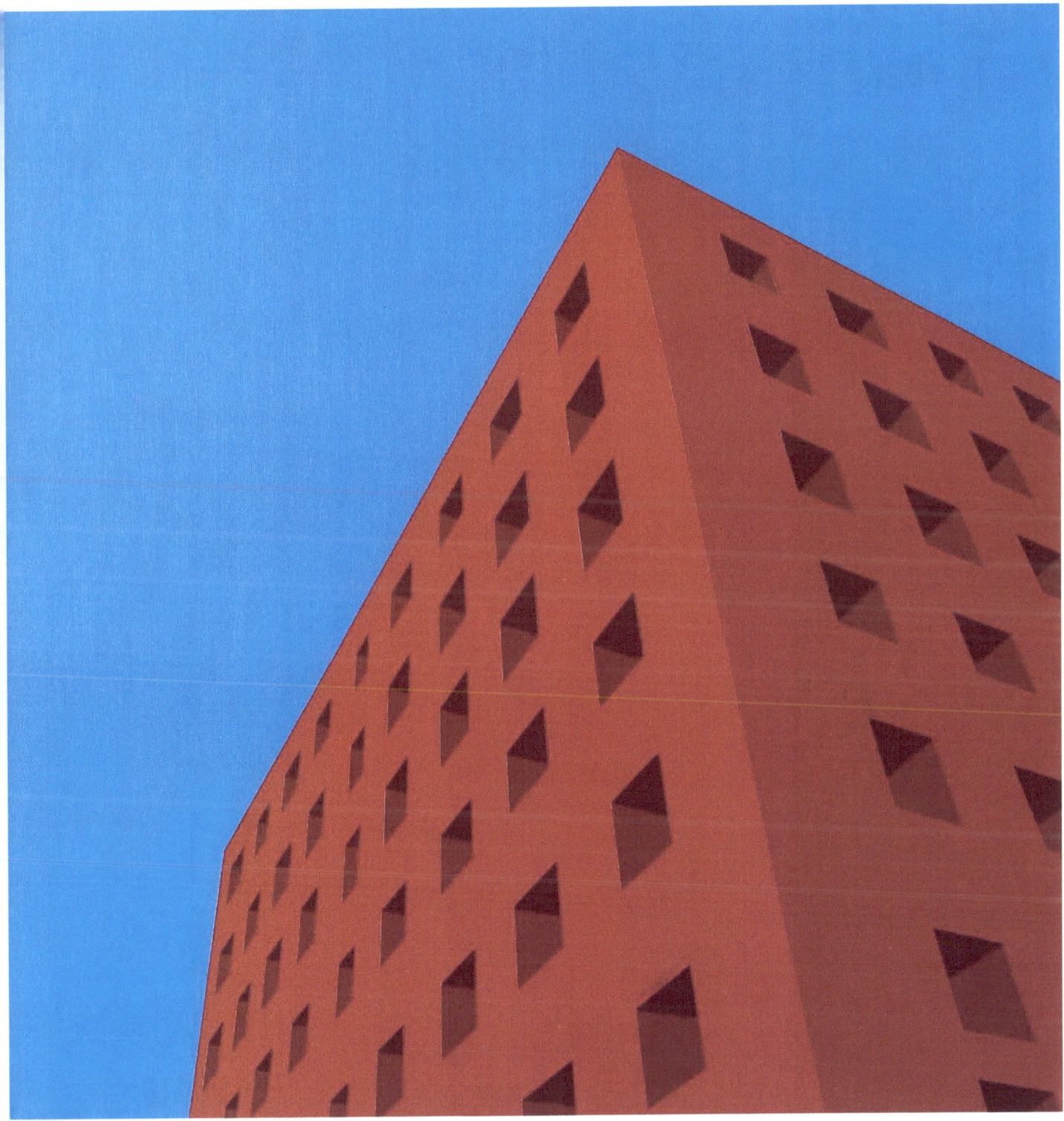

Sine Tempus
60 x 60 x 3.4 cm
Acrylic on canvas

2005

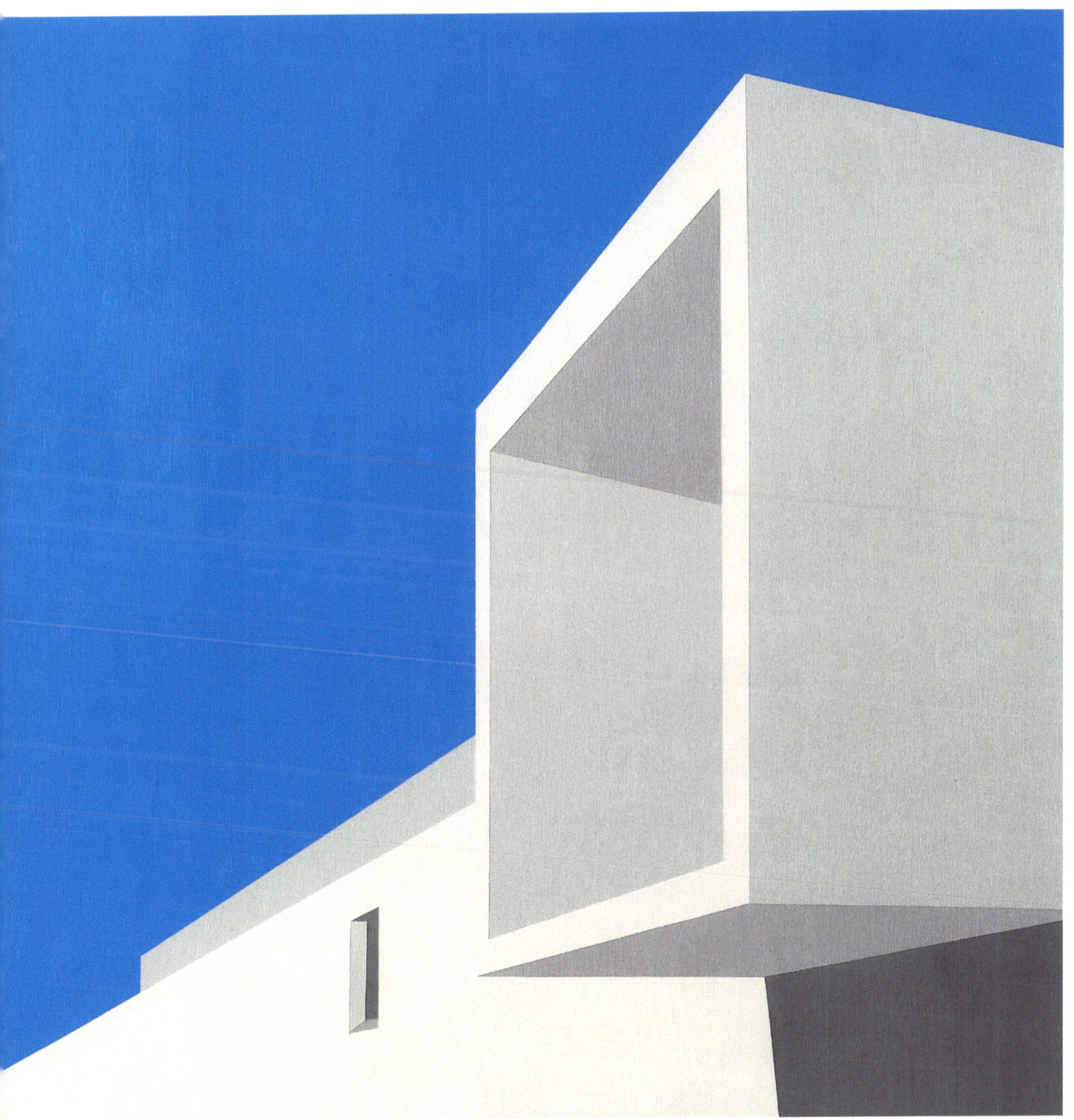

Infinite Perception
60 x 60 x 3.4 cm
Acrylic on canvas

2005

Enigma Vacio
60 x 60 x 3.4 cm
Acrylic on canvas

2006

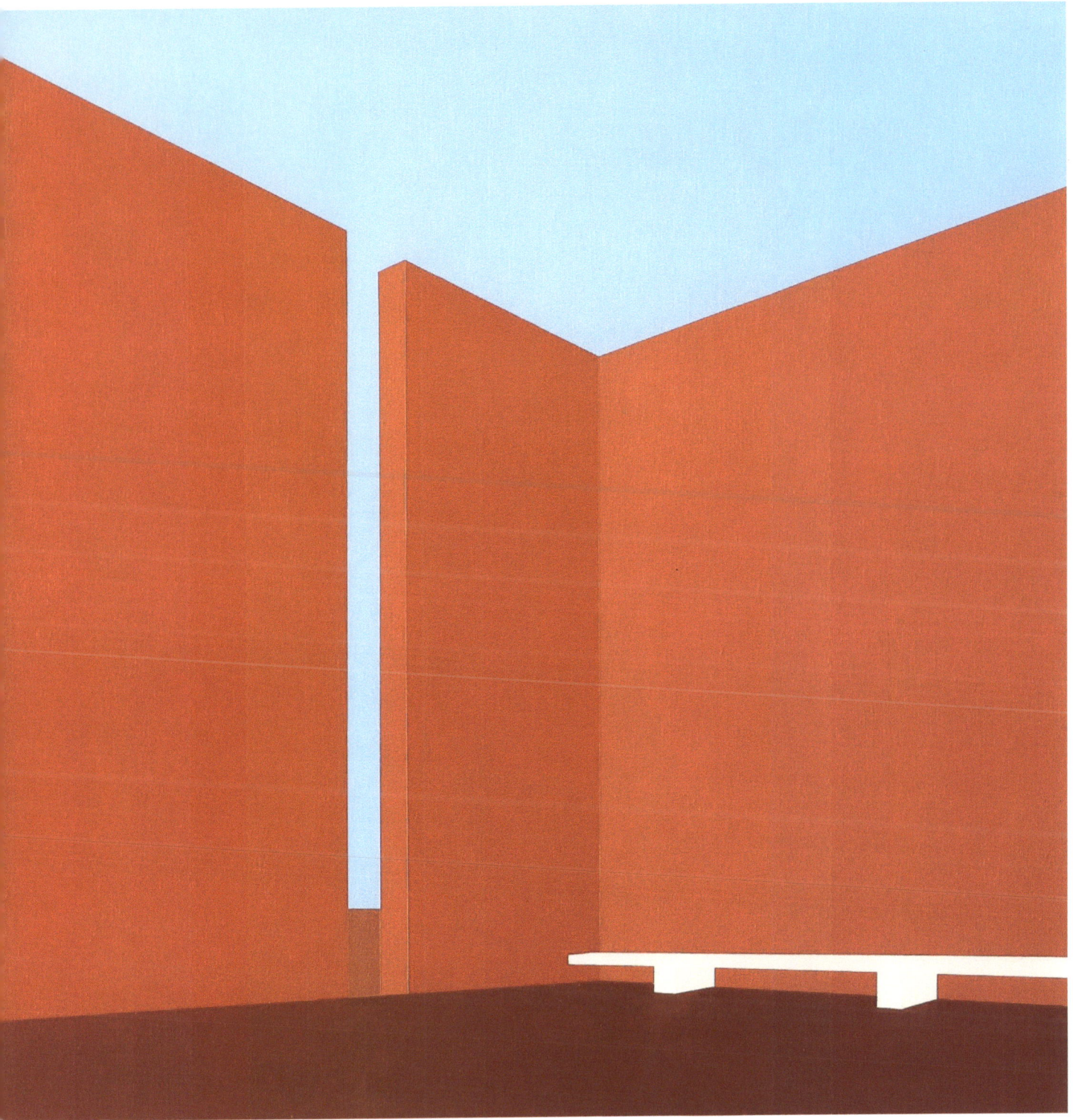

Atmosfera Racional
60 x 60 x 3.4 cm
Acrylic on canvas

2007

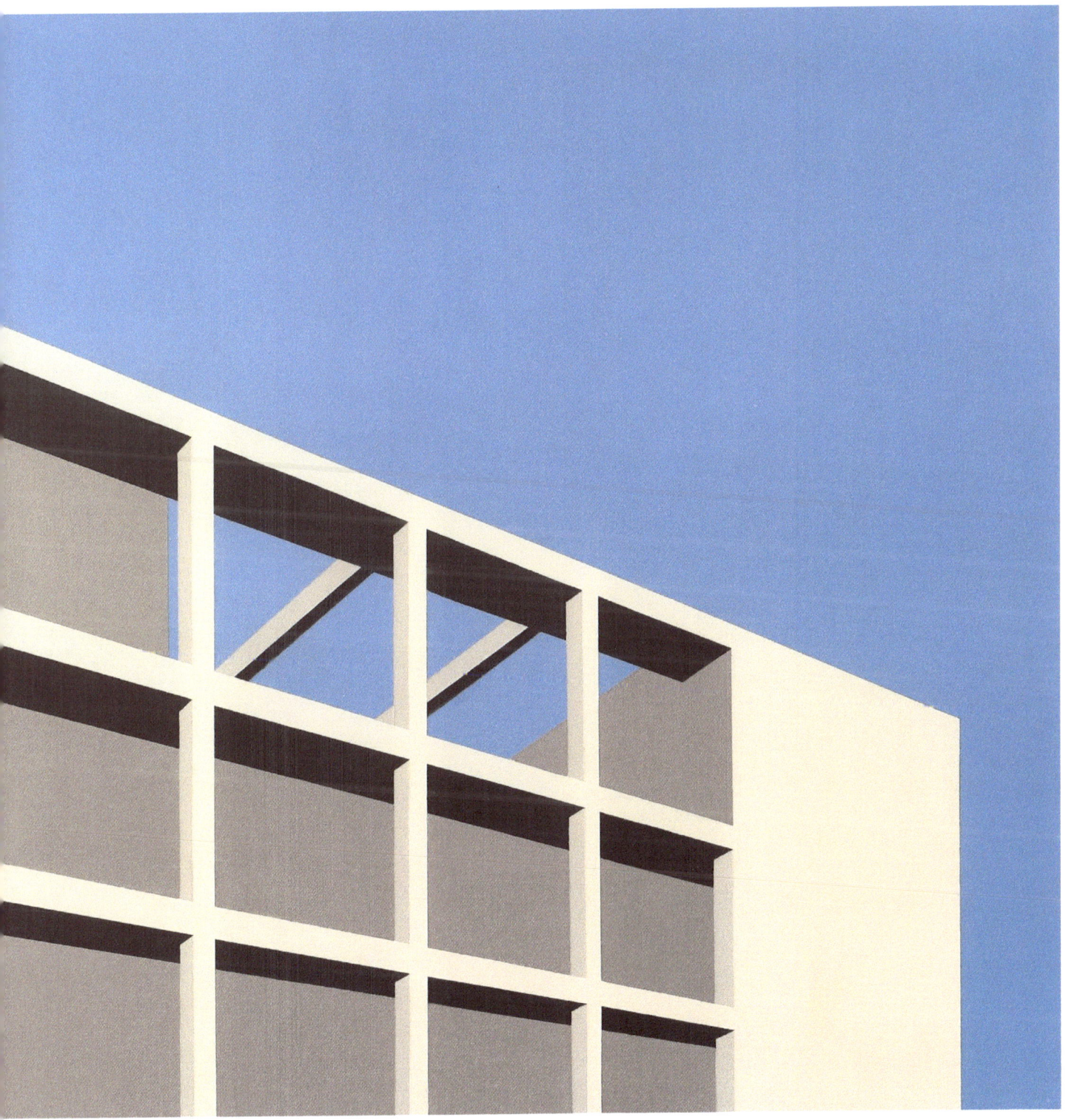

Minimal Ascetic
60 x 60 x 3.4 cm
Acrylic on canvas

2007

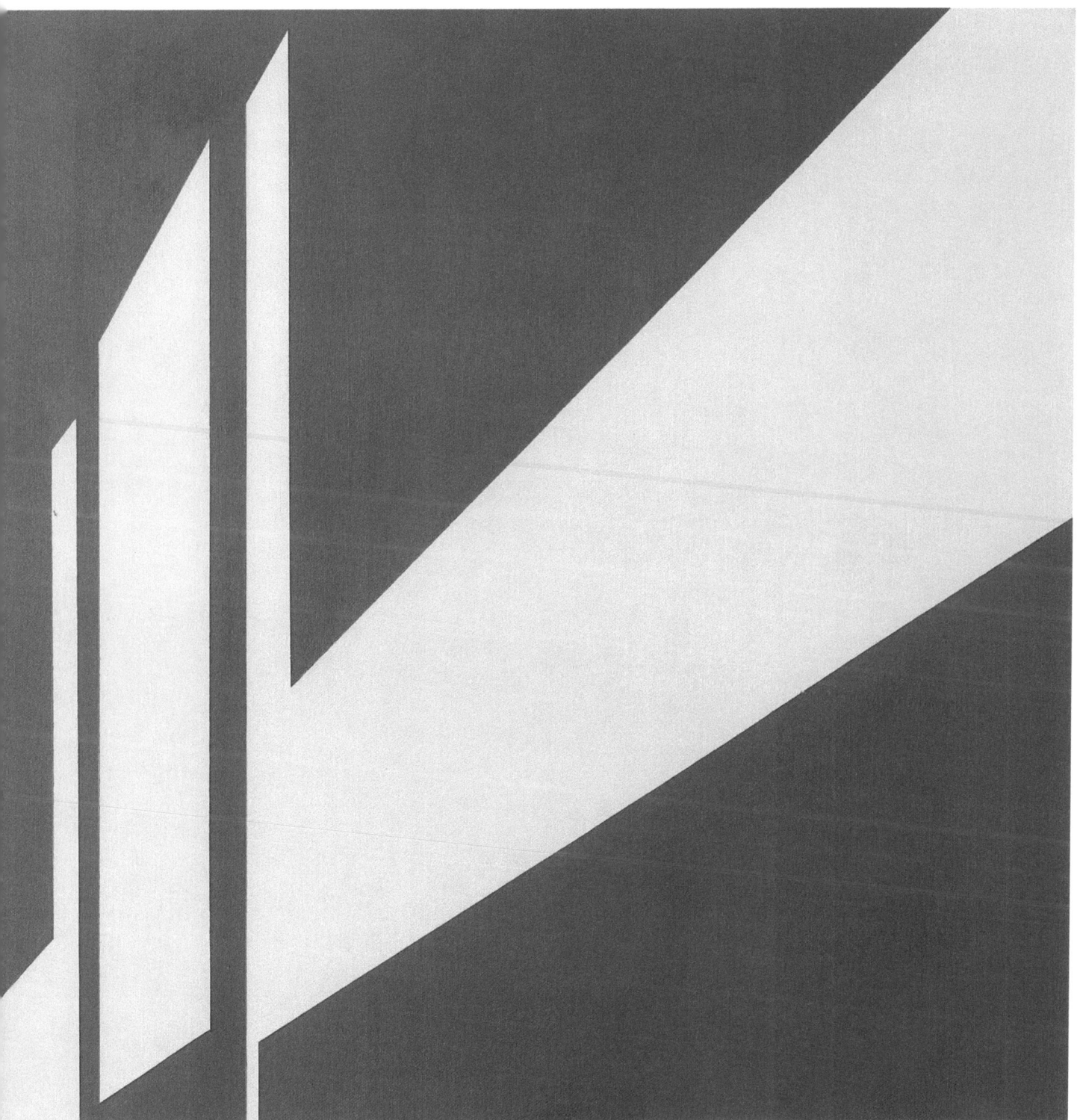

Melancolía Abstracta
60 x 60 x 3.4 cm
Acrylic on canvas

2007

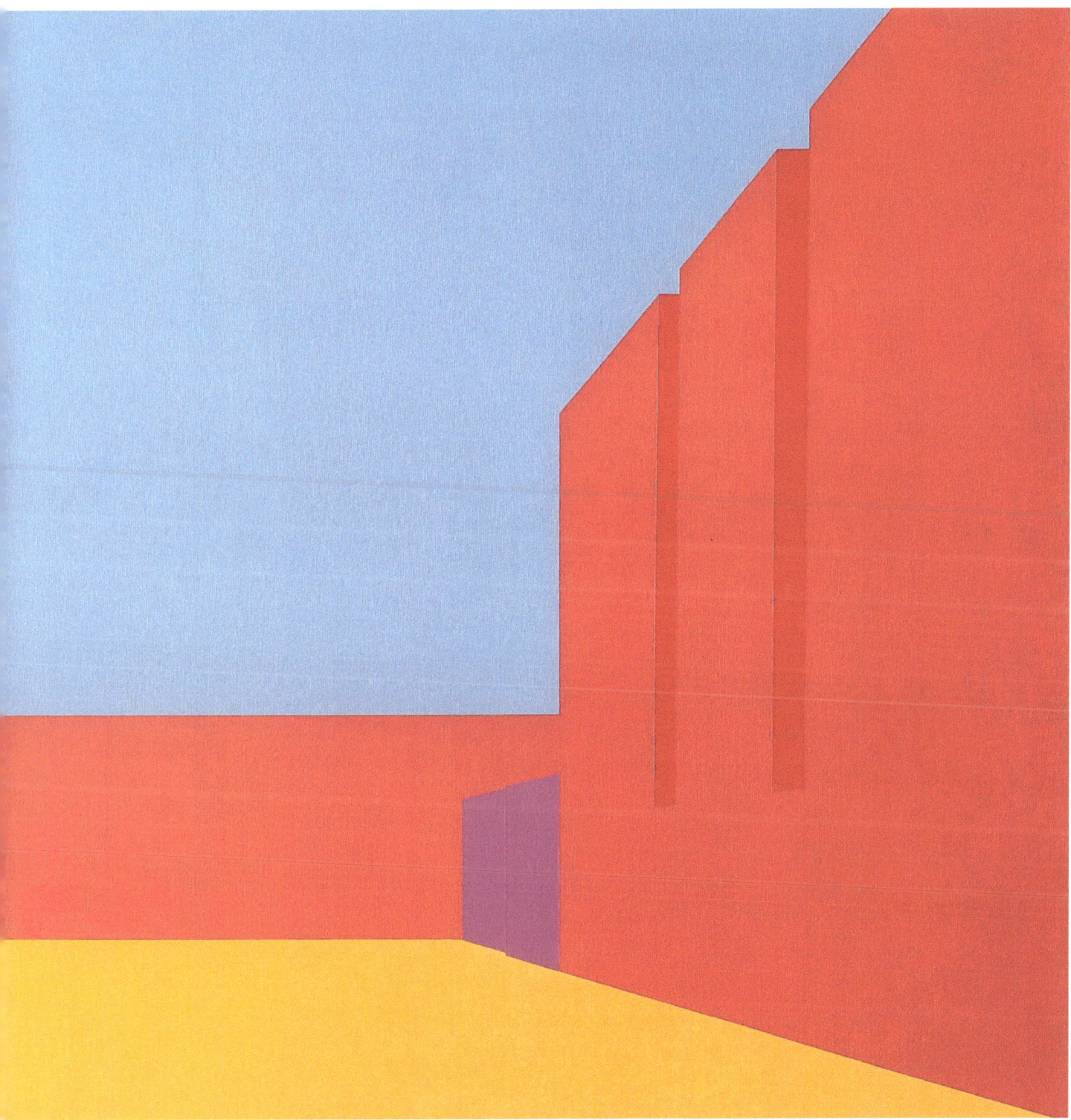

Emotion Forte
60 x 60 x 3.4 cm
Acrylic on canvas

2011

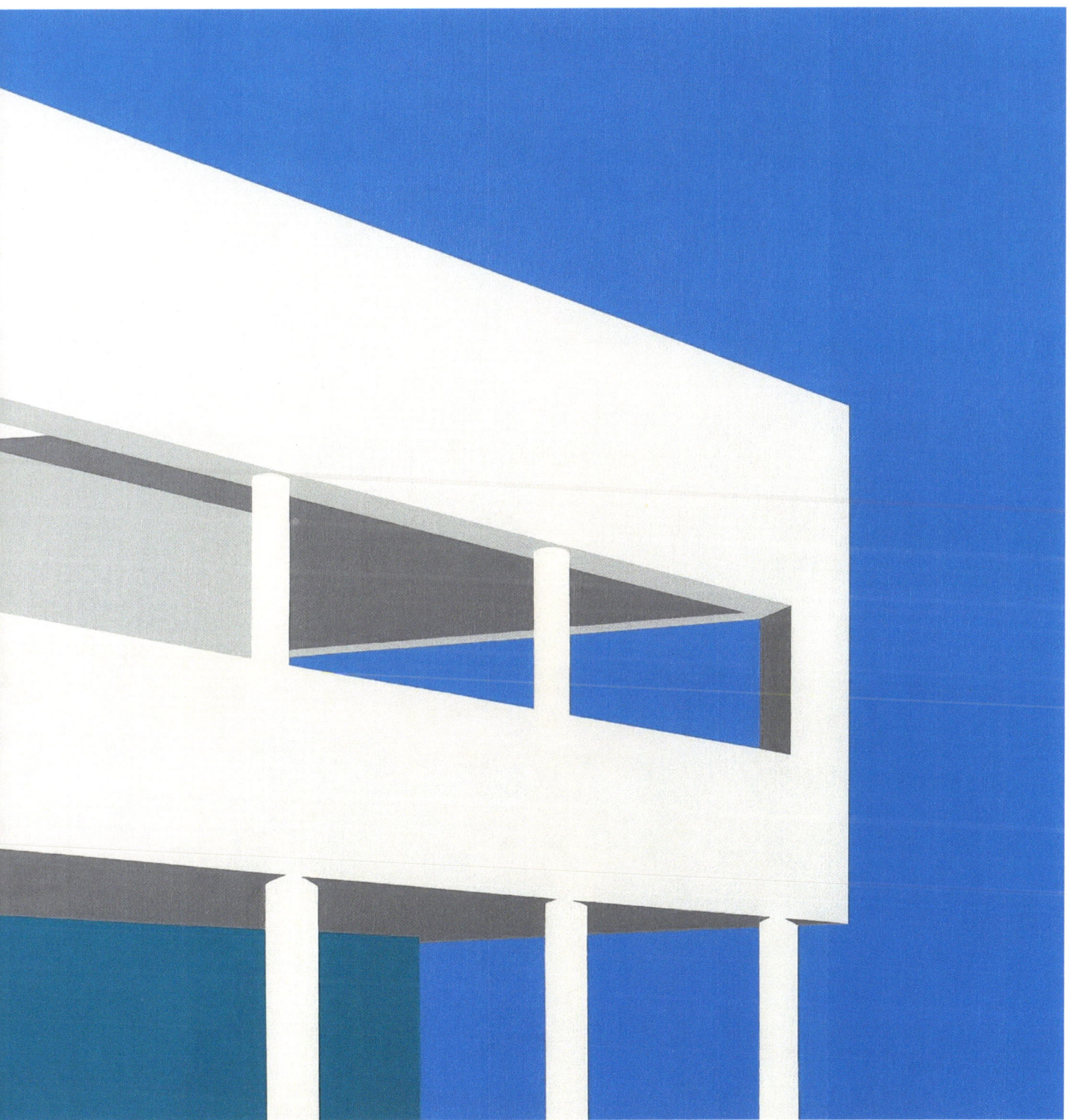

Fenomenología Del Ser
60 x 60 x 3.4 cm
Acrylic on canvas

2011

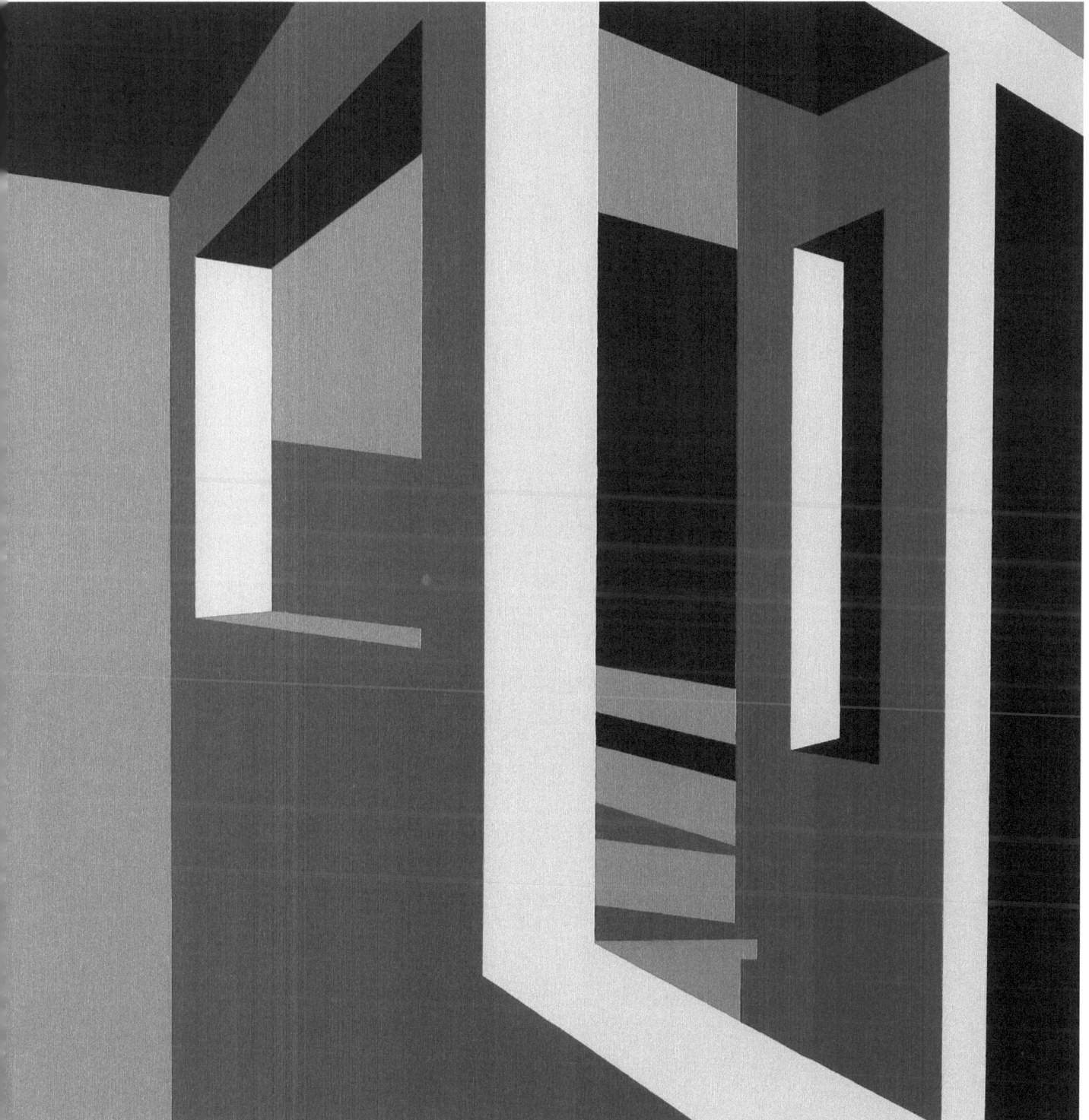

Metafiscamente
60 x 60 x 3.4 cm
Acrylic on canvas

2012

Blanco Inestable
60 x 60 x 3.4 cm
Acrylic on canvas

2013

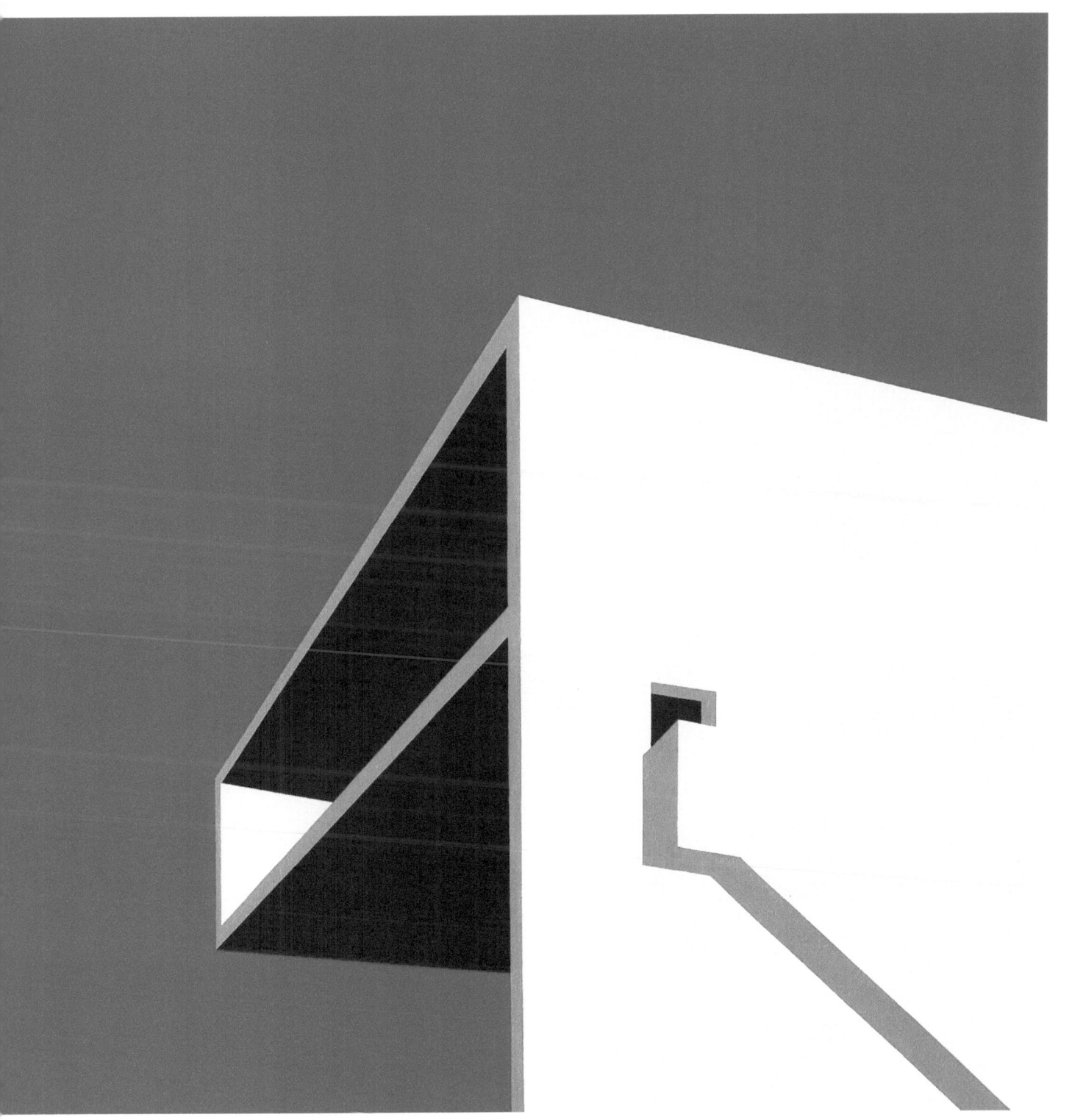

Atmosfera Solida
60 x 60 x 3.4 cm
Acrylic on canvas

2014

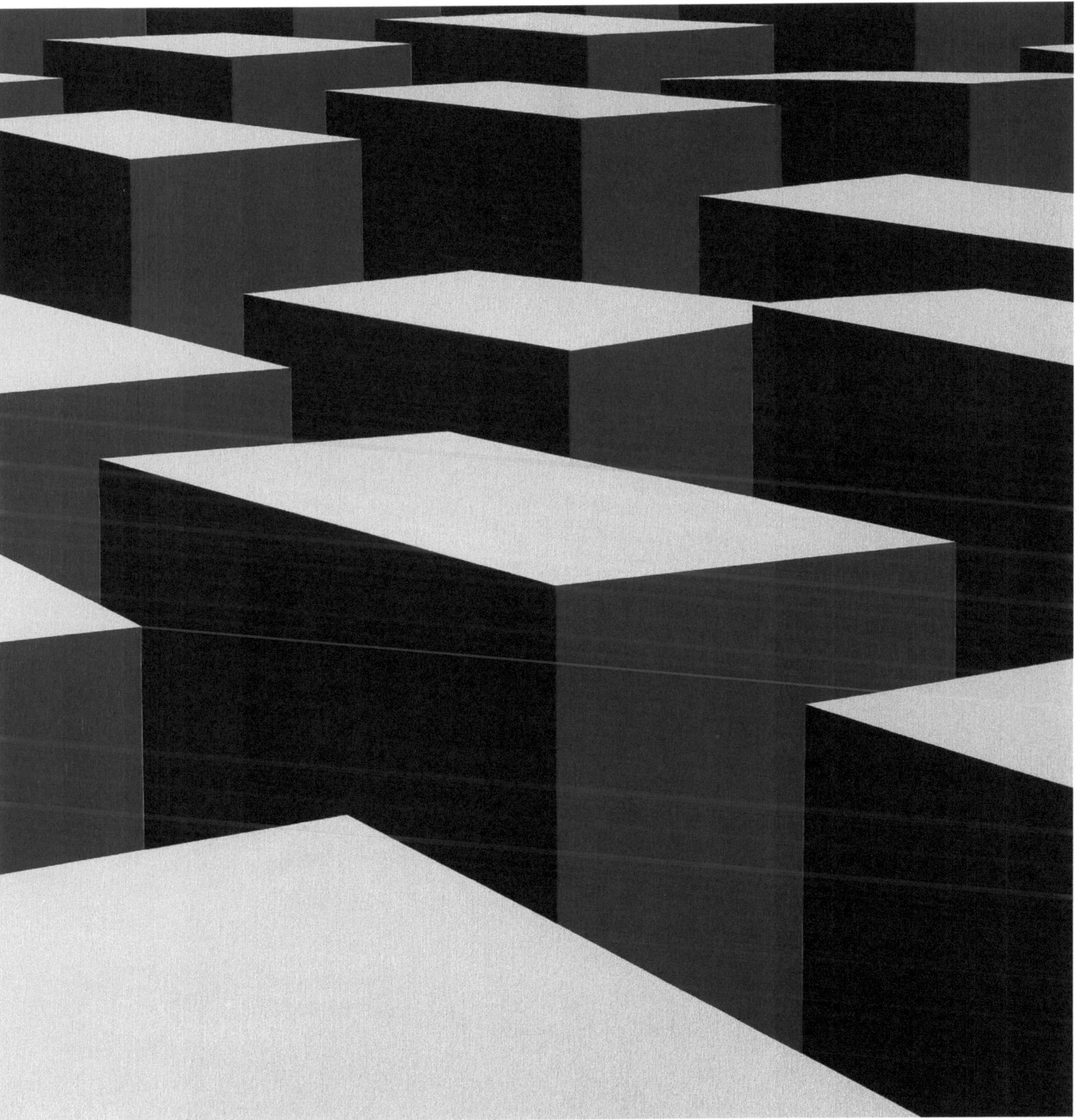

Blanche Stochastique
60 x 60 x 3.4 cm
Acrylic on canvas

2015

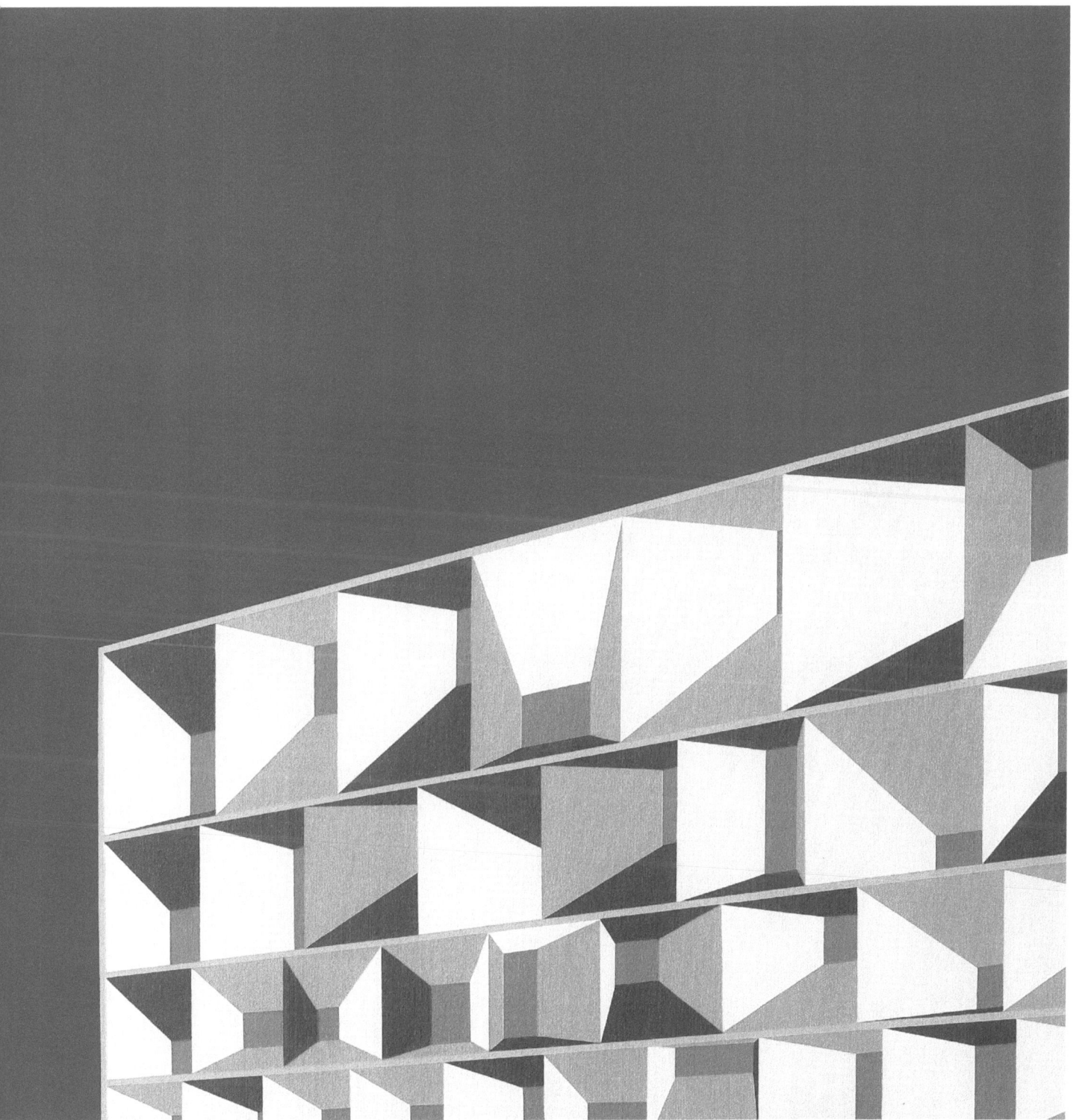

Presenza Rossa
60 x 60 x 3.4 cm
Acrylic on canvas

2015

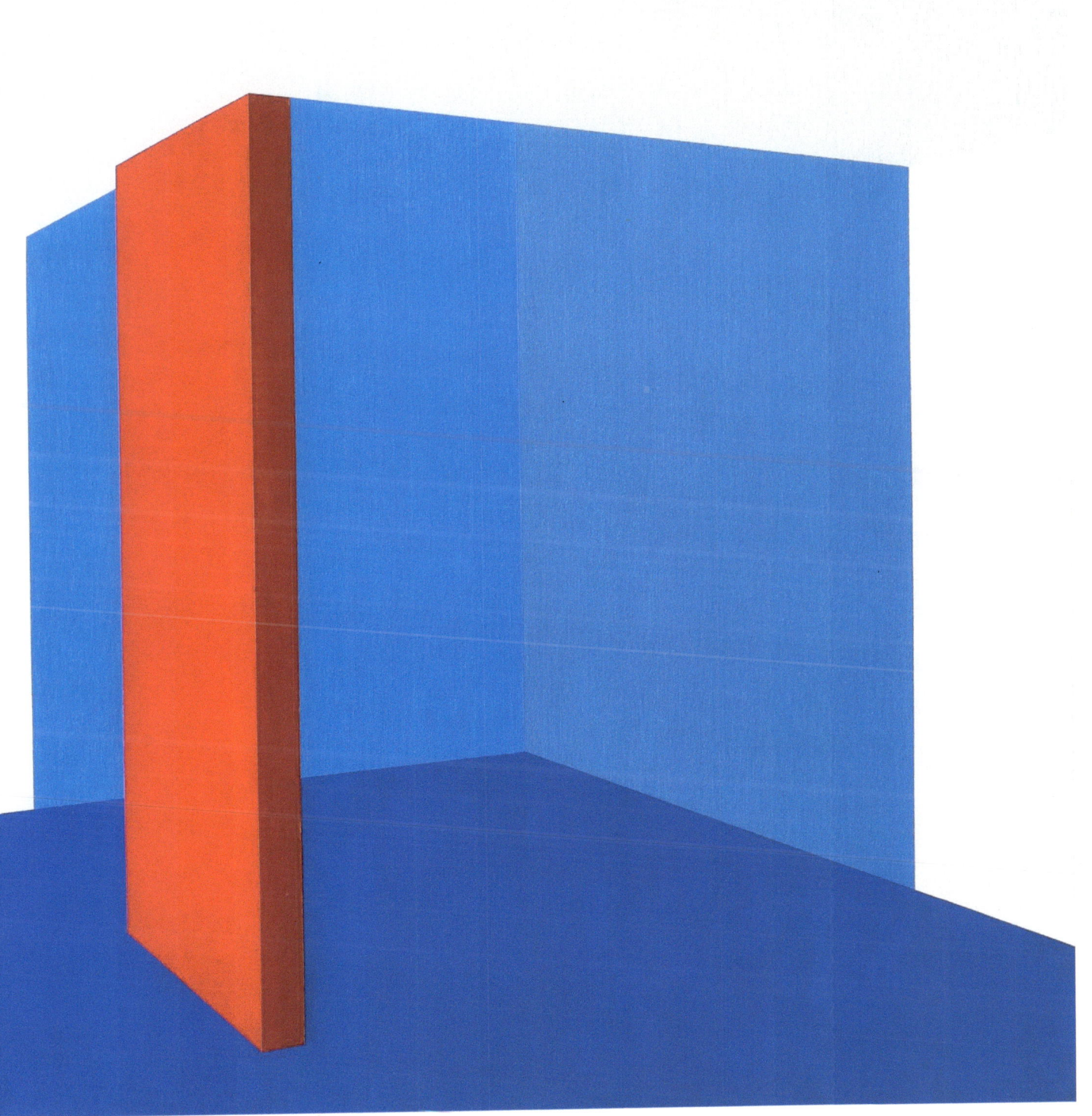

White Archetype
60 x 60 x 3.4 cm
Acrylic on canvas

2015

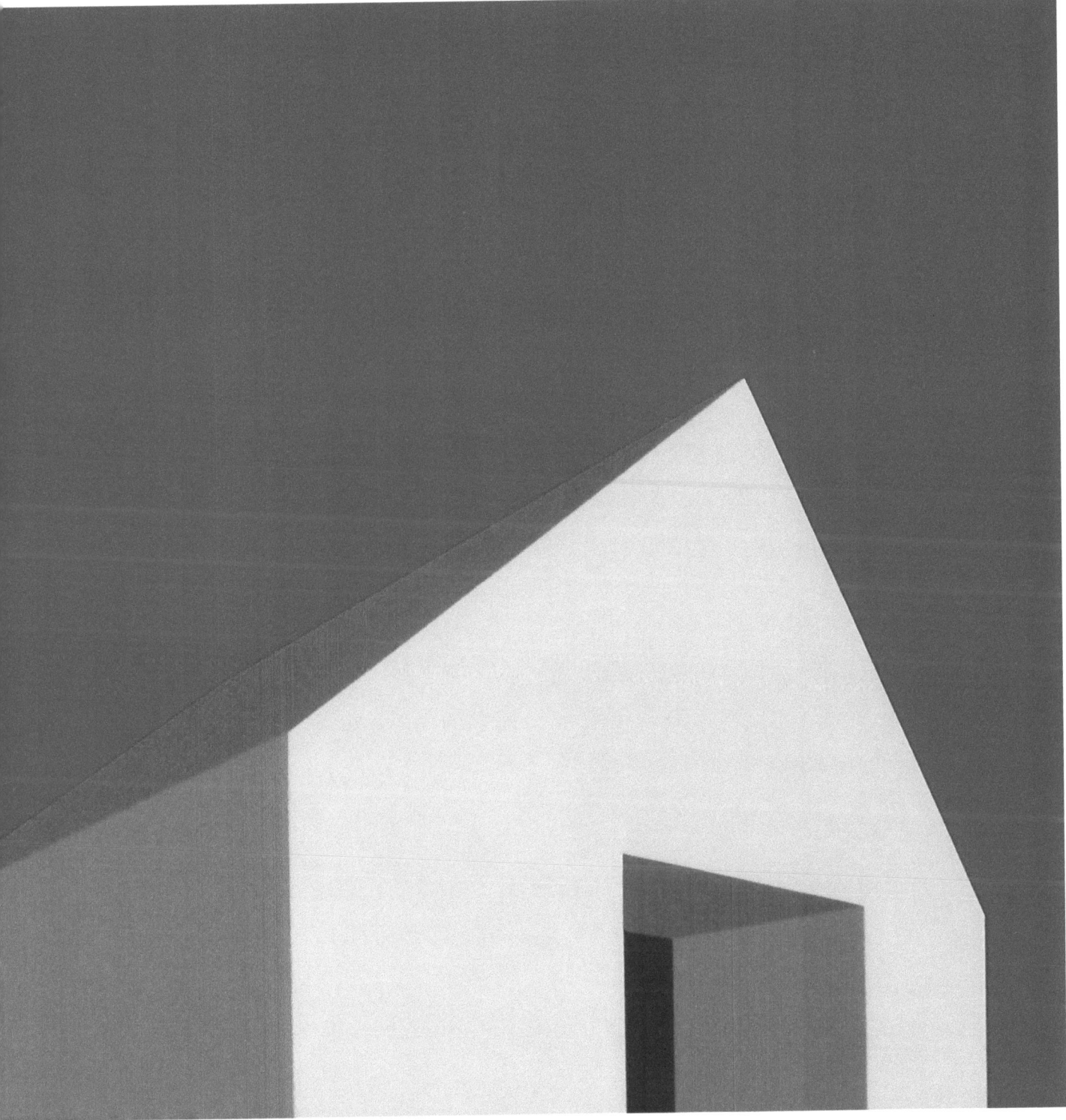

Blanco Totémico
60 x 60 x 3.4 cm
Acrylic on canvas

2015

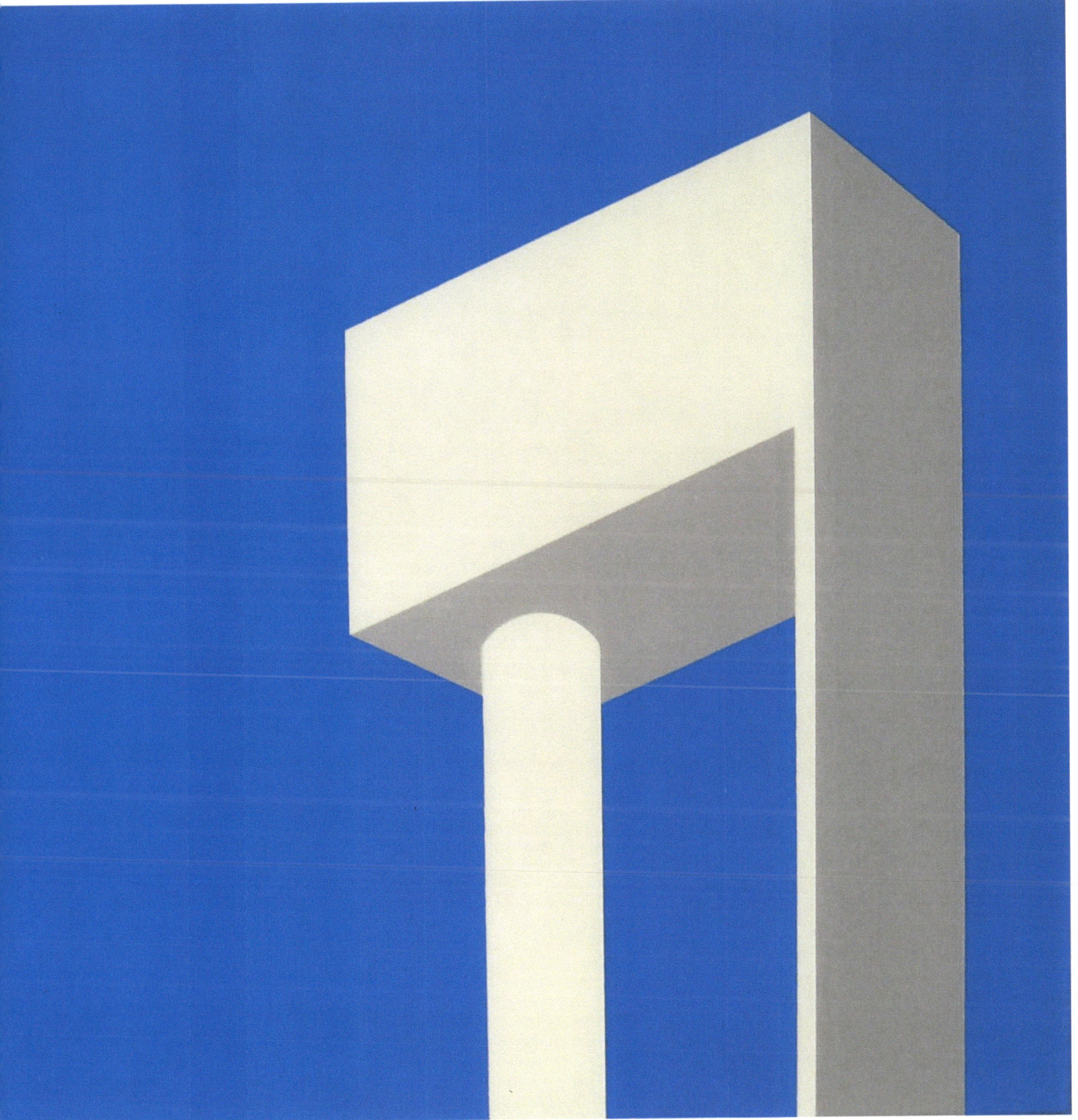

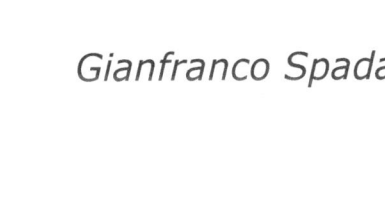

Gianfranco Spada

Born in Bari, southern Italy, in 1972, Gianfranco Spada studied architecture in Venice and in Brussels.

Since 2002 he lives in Valencia, where he has opened his own art and architecture studio: Atelier Spada.

His works have been exhibited at different times and have been featured in national and international publications.

Main exhibitions:

2016

Colegio de España in París
Solo exhibition, Paris, France.

2015

Benimaclet conFusión Festival
Collective exhibition, Valencia, España.

Exposición Diálogos
Collective exhibition, Colegio de Arquitectos CTVA, Valencia, Spain.

Intramurs – Festival per l'Art a València
Collective exhibition , Valencia, Spain.

Festival Ciutat Vella Oberta
Collective exhibition, Valencia, Spain.

2014

- Espacio Estable
- Solo exhibition, Sevilla, Spain.

2012

Bélgica
Video included in an Elisabet Salat Solo exhibition, CIS Art Lodgers, Barcelona, Spain.

2011

Urban art performance: més enllà (beyond)
Solo exhibition, Torres de Serrano, Valencia, Spain.

ONCE ARQUILECTURAS
Solo exhibition, Galería Básic, Valencia, Spain.

2009

- Arqui_lecturas_023
Collective exhibition, Saatchi Gallery Online. Leanne Goebel, curator, London, UK.

2007

Semana De La Arquitectura 07
Collective exhibition, Centro Culturale La Petxina (CCP). Selected works by Colegio de Arquitectos CTAV, Valencia, Spain.

2006

ArchiLetture
Solo exhibition, Associazione Culturale Ossesso, Venezia, Italy.

Texto en español

Transmutación abstracta

Ángel González García

Publicado en
Veredes
http://veredes.es/blog/transmutacion-abstracta-de-gianfranco-spada-angel-gonzalez-garcia/

Café de las ciudades
www.cafedelasciudades.com.ar/mirada_153.html

La arquitectura contemporánea se ha inspirado muchas veces en las diferentes formas y expresiones del arte moderno, aunque lo ha hecho con mayor frecuencia en el arte abstracto. Muchos de los edificios emblemáticos de la arquitectura moderna, que todo arquitecto tiene en su imaginario arquitectónico, pueden relacionarse directamente con obras de artes o movimientos artísticos. Estas obras arquitectónicas, fruto de un proceso de depuración y de transposición, son como ideas artísticas trasladadas y materializadas en el mundo real, donde por fin ganan esa dimensión física en la que se desarrolla la vida humana y que solo la arquitectura entre las artes puede ofrecer. Con estos edificios, el arte abstracto, una forma de interpretar y sintetizar la realidad, vuelve a materializarse en esta misma realidad y es como si una idea, después de haber pasado por un proceso de transmutación, volviera a su estado original. La obra de Spada constituye una fase ulterior en este cambiar de estado, una nueva transmutación que vuelve a colocar estos edificios en el mundo abstracto de la pintura bidimensional sobre lienzo. Este pasar de un estado a otro va depurando las formas, eliminando lo superfluo y haciendo aflorar lo esencial –mediante la supresión de las sombras proyectadas y de elementos superfluos, por ejemplo–, y en esto consiste realmente la fuerza de estas pinturas.

La obra pictórica de Spada se enmarca, por lo tanto, en la tradición del abstractismo geométrico de principios del siglo XX surgido como respuesta al excesivo subjetivismo de los artistas plásticos de épocas anteriores y que quiere distanciarse de la mayoría de los movimientos que tratan de representar una realidad tridimensional puramente emocional. Partiendo del discurso crítico de artistas abstractos precursores como Picasso, Malévich o Mondrian, y del purismo de Le Corbusier o Ozenfant, Spada da un paso más allá y crea lo que puede definirse como "neopurismo".

Su deseo de desaparecer como autor le lleva a utilizar colores planos que aplica de manera que pueden parecer realizados con procesos mecánicos: las líneas rectas y netas, que se dirían trazadas por ordenador, el formato cuadrado de los lienzos –ni apaisados ni verticales–, la meticulosidad sin virtuosismo, no dejan lugar a la subjetividad del artista que, por no "aparecer", ni siquiera firma sus telas de manera convencional, limitándose a estampar en el reverso un cuño casi notarial con unos cuantos datos informativos. La obra pictórica de Spada no se presta, pues, a ser analizada según parámetros artísticos convencionales y en esto reside una de sus características principales. Su técnica, por ejemplo, desdeña cualquier academicismo, y es, como él mismo la define, más bien la de un pintor de "brocha gorda" que cualquiera puede emplear con un poco de sentido práctico. Tanto a nivel compositivo como temático, toma prestadas obras conocidas, la mayoría de arquitectos de renombre, como Aldo Rossi, Alvaro Siza o Luis Barragán, para que el espectador, cuya memoria visual puede reconocerlas fácilmente, se vea inducido, engañosamente, a percibir algo más que las simples manchas abstractas de colores planos y sin textura que el pintor ha representado en realidad.

Neopurismo

Entrevista a Gianfranco Spada, fundador y
máximo exponente del neopurismo

Luisa Arienti

Publicado en

www.cafedelasciudades.com.ar/mirada_153.html

http://veredes.es/blog/transmutacion-abstracta-de-gianfranco-
spada-angel-gonzalez-garcia/

¿Cómo nace el manifiesto neopurista?

Hace unos diez años empecé a realizar una serie de cuadros con la idea de ampliar el campo de experimentación plástica de mi trabajo como arquitecto y desarrollar principios que me sirvieran en mis proyectos arquitectónicos.

Recientemente un crítico de arte ha definido mi obra pictórica como neopurista por alusión a las teorías puristas de Ozenfant y Le Corbusier. Yo conocía desde hacía tiempo la obra de estos dos artistas y el movimiento purista y había leído sobre éste, pero nunca lo había relacionado con lo que yo estaba haciendo. Releyendo ahora el texto "Apres le cubism" de 1918, que constituye el acta fundacional del movimiento purista, me he dado cuenta de las muchas cosas que ese movimiento tiene en común con lo que yo estoy haciendo cien años después, pero también hasta qué punto mi obra constituye un ulterior desarrollo. Y por eso entiendo que me definan "neopurista". Reflexionando sobre los que podían ser los principios del neopurismo, se me ha ocurrido redactar un manifiesto.

Pero entonces el neopurismo ¿bebe solamente en las fuentes del purismo?

No, aunque sí principalmente, siendo como es una especie de continuación del purismo original; a eso quisiera que se refiriera el prefijo "neo". Tampoco ignora otros movimientos como el "hard edge" californiano, el "precisionismo" de Sheeler o el "concretismo" del grupo parisino Abstraction-Création, movimientos que también han bebido en mayor o menor medido en el purismo.

Los puristas, como otras vanguardias, tenían interés por las máquinas, pero veo que el neopurismo parece rechazarlas. ¿Por qué?

Es verdad. Aunque no las representaran en sus cuadros, Ozenfant y Le Corbusier sí sentían gran admiración por las máquinas, que eran algo nuevo y simbolizaban la modernidad. El neopurismo, en cambio, en una época en la que todo resulta posible gracias a las máquinas, que se han convertido en una especie de apéndice o prótesis del cuerpo humano, apuesta por la recuperación de una manualidad que se aleje de la visión maquinista del mundo y del arte.

¿Afirmas que el arte puro nace de una necesidad de ordenación?

En cierto modo, el purismo es una reacción "de orden" al gran caos provocado por la primera guerra mundial. El neopurismo es en parte también una reacción "de orden" al caos que vive el mundo en general y el del arte en particular desde hace unas décadas. A este caos el neopurismo opone una voluntad de orden formal, porque dispone, sobre la superficie del lienzo, una serie de elementos claramente organizados: geometrías claras, líneas netas, colores planos; pero también, digamos, de orden espiritual, porque añade a un mundo caótico objetos que trasmiten una sensación de orden y racionalidad.

Los neopuristas rechazan el arte utilitario, ¿a qué se refiere?

Los neopuristas creemos en un arte sin adjetivos, que no persiga una utilidad, sea social, política, publicitaria, comercial, funcional, de promoción personal, etc. El arte es un fin en sí mismo y no un vehículo de propaganda o de seducción personal. Por ejemplo, hemos visto que a un cocinero de renombre lo invitaron en 2007 a exponer sus elaboraciones gastronómicas en Documenta, una de las ferias de arte más importantes del mundo: aquí, un objeto funcional, un plato de comida, ha sido elevado al rango de obra de arte. Hemos llegado a una situación tan absurda que cualquier cosa puede considerarse arte y más de uno se escandaliza si no se considera arte lo que fabrica o hace con pretensión de originalidad (un cocinero, un peluquero...). Esta confusión general hace que llegue a creerse que cualquier cosa rara u original es un algo artístico y que, por lo tanto, quien es capaz de producir algo raro u original es un artista. Además, el arte puro rechaza todo lo que puede expresarse mejor de otra manera, no hace falta cargar el arte con cosas que no le pertenecen. Si ustedes quieren comunicar algo, escriban un artículo; si quieren cambiar la sociedad, háganse políticos o revolucionarios. Esto es lo que rechaza el neopurismo.

¿A qué te refieres cuando hablas de arte como un medio de seducción personal?

Me refiero al uso del arte como una forma para darse a conocer y expresar la individualidad a toda costa. El arte es así un simple vehículo promocional, un medio que se pone al servicio de una causa espuria. Por ejemplo, esos grafiteros que repiten obsesivamente un motivo gráfico, un lema, un nombre en todos los sitios en una especie de autoafirmación y autocomplacencia onanística. Estos presuntos artistas usan el arte para demostrarnos lo estupendos, sensacionales, geniales, ocurrentes, etc. que son como individuos.

Parece no estar de acuerdo con el uso lato de la palabra artista que se hace hoy día.

El gran Ramón Gaya siempre ha distinguido entre artistas y creadores. En la actualidad estamos rodeados de artistas, pero creo no hay tantos creadores. Casi me atrevo a decir que estamos en una época en la que todos, seamos cocineros, barberos, diseñadores de ropa o de muebles, etc., somos artistas; cuando en realidad no pasamos de ser buenos artesanos.

El neopurismo parece rechazar la improvisación. ¿Por qué?

Porque una obra de arte puro debe ser la materialización rigurosa de una concepción rigurosa. Cualquier improvisación es fruto de una individualidad que quiere expresarse, manifestarse, autoproclamarse. Pienso, por ejemplo, en Jackson Pollock, cuyo expresionismo abstracto solo puede entenderse como resultado de una perfomance, un espectáculo, una puesta en escena de la individualidad del artista. El resultado es una mera improvisación azarosa y caótica. Estas obras de arte no son otra cosa que pura ornamentación abstracta, barroquismo, camuflaje decorativo que nada tiene que ver con el arte puro.

¿Por qué el arte puro no puede ser figurativo?

Porque no lo necesita. No necesita contar historias, documentar hechos. Como decían Ozenfant y Le Corbusier: "El arte no es un criado que deba recordar al señor las pequeñas y grandes emociones que ha vivido".

¿Cómo podemos, pues, reconocer una obra neopurista?

Para empezar, una obra neopurista no tiene por qué ser fruto de la aplicación deliberada de los preceptos neopuristas. El neopurismo no es una escuela al uso; es sobre todo un filtro que nos permite leer una obra de arte. Así, podemos reconocer elementos neopuristas en obras de autores que no han seguido estos preceptos. Mi obra, por ejemplo, responde a estos preceptos en varios aspectos. Por ejemplo, utilizo colores planos que aplico uniformemente, sin mezcla ni transiciones, de manera impersonal. Mis lienzos son cuadrados y no muy grandes (60x60); cuadrados, tanto para evitar la arbitrariedad de formato y de orientación, como para recortar el campo visual de ojo humano, que tiende a ser apaisado, y obligar al espectador a percibir el lienzo como un objeto artístico tridimensional; y no muy grandes porque quiero que el espectador perciba de golpe y unitariamente la totalidad de la obra y no pueda hacer una lectura fragmentada que daría a una interpretación narrativa y a cierta subjetividad perceptiva. Otra característica fundamental del neopurismo es la abstracción geométrica inspirada en la realidad. En mi caso, esta realidad es principalmente arquitectónica; tomo prestadas obras conocidas, la mayoría de arquitectos de renombre, para que el espectador, cuya memoria visual puede reconocerlas fácilmente, se vea inducido, engañosamente, a percibir algo más que las simples manchas abstractas de colores planos y sin textura que he representado en realidad.

Entonces, la abstracción del neopurismo, ¿se inspira siempre en la realidad?

Sí. El arte puro, como el mismo manifiesto dice, parte de la realidad física, ya que de otra manera sería un conjunto ornamental de formas y colores. La obra de Mondrian,

por ejemplo, en su búsqueda neoplástica, a pesar de tener muchos elementos por los que podría definirse neopurista, no partía de la realidad; pese a que él decía que se trataba de una indagación de lo absoluto, no deja de ser un juego de formas y colores meramente decorativo, que por cierto ha acabado trivializándose como motivo gráfico.

Para terminar, me ha parecido curiosa la letra que ha usado en el manifiesto. A mí me recuerda a las vanguardias.

Sí, es lógico, en realidad esa letra, además de que, por sus características geométricas, responde al concepto de neopurismo, es un homenaje a unos lugares de la ciudad de Valencia, ciudad, por cierto, donde el neopurismo ha nacido. Es la misma letra que se usó para los rótulos que señalaban los refugios antiaéreos que se construyeron en la

Guerra Civil, y que aún pueden verse, de ahí que le recuerde las vanguardias.

Es, por lo tanto, un homenaje a esos recintos que son una metáfora de la resistencia en un momento, el actual, en el que todo parece valer en el mundo caótico y salvaje del arte.

El arte para los artistas: así es el manifiesto neopurista

Carlos Aimeur

Publicado en
Valencia Plaza
http://www.valenciaplaza.com/el-arte-tiene-nuevo-manifiesto-nace-el-neopurismo

El italiano Gianfranco Spada lanza una propuesta que pretende devolver la 'pureza' al arte.

Es un artista. Las tres palabras juntas en la misma frase, en ese orden, se emplean hoy día con asiduidad hasta el punto de ser una frase hecha. Valen para describir el carácter errático de un extremo de un equipo de fútbol, la creatividad de un cocinero con estrellas Michelín, o la imaginación de una tenista de bádminton. "Todo el mundo ha querido sumarse a la palabra arte como si fuera mejor. Lo original tiene mucho mérito y no hace falta llamarle arte".

Quien habla así es un arquitecto y pintor Gianfranco Spada (Bari, 1972), quien ha decidido acabar con esa corriente que ha hecho de cualquier artesanía arte, de cualquier artesano artista y de cualquier individuo creativo un creador. Una idea que refuerza evocando al "gran Ramón Gaya", quien siempre distinguía entre artistas y creadores. "En la actualidad estamos rodeados de artistas, pero creo que no hay tantos creadores. Casi me atrevo a decir que estamos en una época en la que todos, seamos cocineros, barberos, diseñadores de ropa o de muebles, etc., somos artistas; cuando en realidad no pasamos de ser buenos artesanos", insiste. Basta con recordar algunas de las exposiciones más rocambolescas que se han realizado en centros museísticos de renombre, jaleadas por críticos y teóricos en una orgía de estupidez y superficialidad, para convenir cuán ciertas son sus palabras

Durante el Festival Internacional de Arte Intramurs 2015, que se celebrará entre el 22 de octubre y el 1 de noviembre en Valencia, Spada tiene previsto lanzar en plena inauguración de una de las exposiciones los folletos de su manifiesto neopurista. A la manera de los futuristas, de los dadaístas, de todos aquellos que han querido regresar a la raíz de la creación artística, a la esencia, Spada pretende así reivindicar el arte como tal. El manifiesto, que se encuentra ya disponible en Internet, se compone de 17 puntos. El primero, es una declaración de intenciones: "El arte puro nace de una necesidad de ordenación". El último es en sí digno de un ensayo: "El arte puro es austeridad metafísica". Y entre medias, quince puntos dispares que van desde la negación del virtuosismo, hasta una invitación para que se rehúya de "lo raro y lo original".

Fue un crítico de arte el que le dio la idea cuando hablando de su obra pictórica la definió como neopurista por alusión a las teorías puristas de Ozenfant y Le Corbusier. Spada conocía la obra de estos dos artistas y el movimiento purista y había leído sobre éste, pero nunca lo había relacionado con lo que estaba haciendo. Releyendo el texto Après le cubism de 1918, que constituyó el acta fundacional del movimiento purista, se dio cuenta de las muchas cosas que ese movimiento tiene en común con lo que estaba haciendo él ahora, cien años después, pero también hasta qué punto su obra era un ulterior desarrollo. Todo encajaba, y necesitó darle forma escrita. Pero como no sólo del purismo vive el neopurista, por eso es neo, en su manifiesto Spada tampoco ignora otros movimientos como el hard edge californiano, el precisionismo de Sheeler o el concretismo del grupo parisino Abstraction-Création, movimientos que también han bebido en mayor o menor medida en el purismo.

El resultado final es un texto que viene a recordar que ahora que "todo es arte... al final nada es arte". "Haces una pintura y parece que ya no sea arte", explica Spada a Valencia Plaza. "Se ha usado arte para elevar a un rango superior cualquier solución creativa. Hacer un edificio no es un arte. Tiene una función. Un plato de comida, aunque de alta gastronomía, también tiene una función, y no podemos definir la obra de un cocinero estrella como arte puro y juzgarlo además sólo por lo que vemos en las fotografías.", añade.

Que nadie espere tampoco tras este manifiesto verdades absolutas, porque, como recuerda Spada, el uso de la palabra puro tiene dobles intenciones. "Es un adjetivo que puede llevar a engaño. Está hecho adrede".

Y es que los neopuristas, dice Spada, creen en un arte sin adjetivos, que no persiga una utilidad, sea social, política, publicitaria, comercial, funcional, de promoción personal... "El arte es un fin en sí mismo y no un vehículo de propaganda o de seducción personal. Por ejemplo, hemos visto que a un cocinero de renombre lo invitaron en 2007 a exponer sus elaboraciones gastronómicas en Documenta [en alusión a la polémica presencia de Ferran Adrià], una de las ferias de arte más importantes del mundo. Aquí, un objeto funcional, un plato de comida, ha sido elevado al rango de obra de arte. Hemos llegado a una situación tan absurda que cualquier cosa puede considerarse arte y más de uno se escandaliza si no se considera arte lo que fabrica o hace con pretensión de originalidad (un cocinero, un peluquero...). Esta confusión general hace que llegue a creerse que cualquier cosa rara u original es un algo artístico y que, por lo tanto, quien es capaz de producir algo raro u original es un artista. Además, el arte puro rechaza todo lo que puede expresarse mejor de otra manera; no hace falta cargar el arte con cosas que no le pertenecen. Si ustedes quieren comunicar algo, escriban un artículo; si quieren cambiar la sociedad, háganse políticos o revolucionarios".

También es intencionado el uso para el manifiesto de la grafía los rótulos que señalaban los refugios antiaéreos que se construyeron en la Guerra Civil y que aún pueden verse en Valencia, tanto por sus características geométricas, que responden a los cánones del neopurismo, como por ser un homenaje a esos espacios. "La fuente del manifiesto la he recreado a partir de los letreros de Refugio completando las letras que faltan con una posible interpretación mía. El nombre y el autor originario de la fuente es por lo que sabemos desconocido. Es, por lo tanto, un homenaje a esos recintos que son una metáfora de la resistencia en un momento, el actual, en el que todo parece valer en el mundo caótico y salvaje del arte". El arte no ha muerto. Viva el arte.

www.ingramcontent.com/pod-product-compliance
Lightning Source LLC
Chambersburg PA
CBHW050855180526
45159CB00007B/2684